westermann

Lesen 2

Trainingsheft

Erarbeitet von

Nadine Pistor
Anne Scheller
Insa Scheller

Illustriert von

Matthias Berghahn
Silke Reimers
Antje Hagemann

Inhaltsverzeichnis

Silben lesen

1

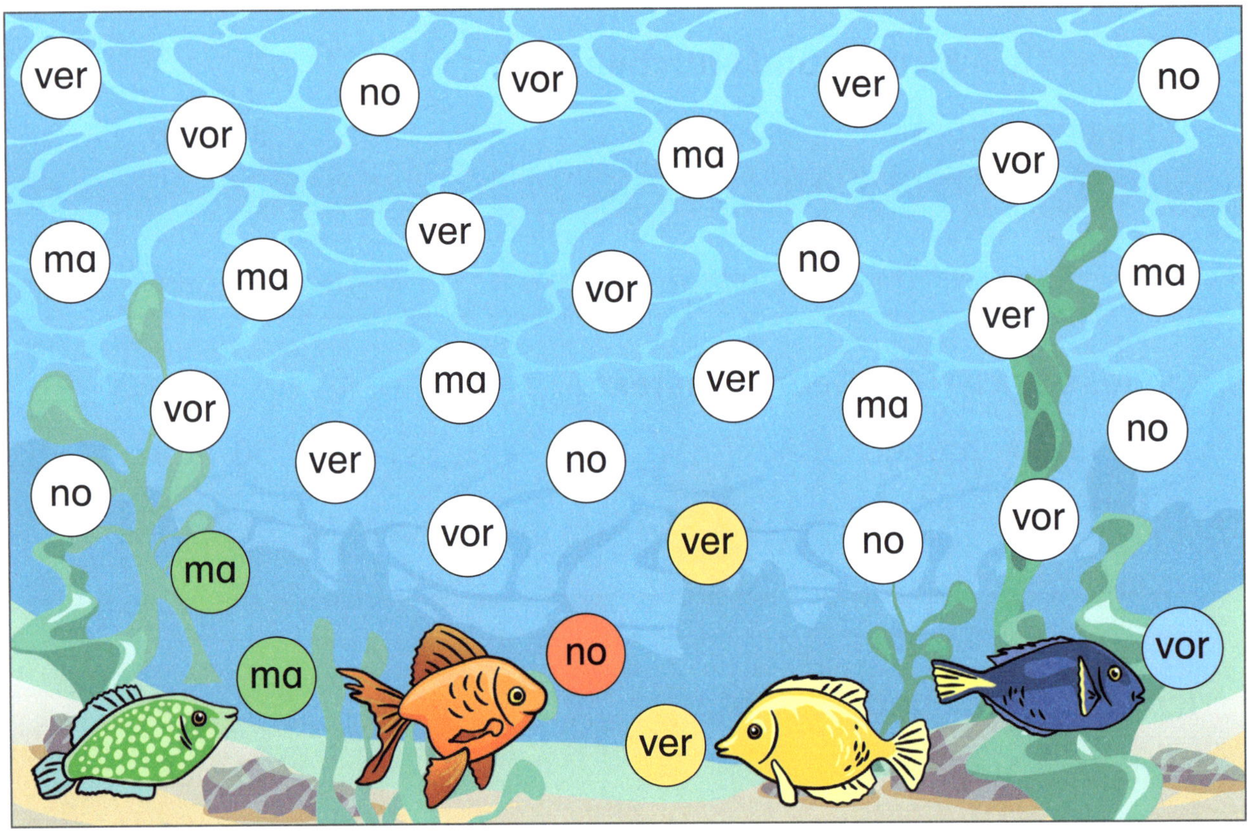

2

		wa	re	ho	hi	ga	le	ni	vo	te	lö
		wa	ga	le	ni	vo	te	wa	wa	wa	wa
te	pe	wa	si	so	ke	ka	ne	wa	no	wi	wa
se	va	wa	pe	wa	wa	wa	zo	wa	vo	ka	wa
wa	wa	wa	wo	wa	wu	wa	wi	wa	we	wo	wa
wa	ro	so	le	wa	vo	wa	mo	wa	mi	ma	wa
wa	wa	wa	wa	wa	te	wa	do	wa	le	ni	wa
si	so	ke	ka	ne	to	wa	da	wa	ga	le	wa
ga	le	ni	vo	te	so	wa	zü	wa	vö	do	wa
se	va	wo	ka	wa	wa	wa	re	wa	se	va	wa
fe	vo	se	va	wa	ta	ru	lo	wa	so		
ga	le	ni	vo	wa	wa	wa	wa	wa	lö		

1 Silben halblaut lesen und farbig passend ausmalen – 2 Silben waagerecht, senkrecht und diagonal laut lesen; alle *wa*-Silben verbinden

Anfangssilben lesen und ergänzen

1

☐ An
☐ Ap
☒ Am

☐ Gie
☐ Ga
☐ Gür

☐ Kar
☐ Ker
☐ Kor

☐ Dau
☐ Deu
☐ Du

☐ Gru
☐ Gar
☐ Gur

☐ Reu
☐ Rau
☐ Ram

2

☐ schnei
☐ schlie
☒ schie

☐ ma
☐ man
☐ mau

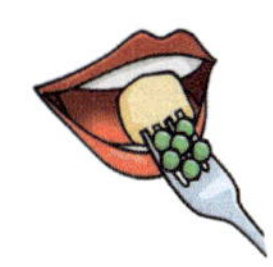

☐ ern
☐ es
☐ er

☐ tan
☐ trin
☐ täu
☐ tra

☐ bau
☐ bas
☐ ba
☐ bra

☐ bit
☐ bil
☐ bü
☐ bau

3

Na del

____ ter

____ der

____ tel

Silben zu Wörtern verbinden

1

- [x] Ha
- [ ] Na

→ se

- [ ] Pu
- [ ] Nu

→ del

- [ ] Mö
- [ ] Lö

→ we

- [ ] Mes
- [ ] Was

→ ser

- [ ] lau
- [ ] wer
- [ ] ru

→ fen

- [ ] sa
- [ ] fra
- [ ] tra

→ gen

2

	Re •	• chen
	Ku •	• ge
	Na •	• gen
	Gei •	• gel

	Qual •	• gel
	Spie •	• le
	Stie •	• fer
	Kä •	• fel

3

	Ba •	• ma •	• ne
	Zi •	• na •	• te
	To •	• tro •	• ne

	Sa •	• gel •	• fel
	Kar •	• la •	• ei
	Spie •	• tof •	• mi

1 Zu einem Bild die passenden Silben finden und ankreuzen – 2-3 Zu einem Bild die passenden Silben finden und zu einem Wort verbinden

Rätseln und entspannen

Ha	se	pe	Rat	te	ke
Zie	pe	Gold	fisch	ser	Kro
Vo	gel	te	Ti	ger	jo
Kat	ze	pi	Hams	ter	wu
Fa	Maul	wurf	De	bu	lo
Per	nu	so	Pa	pa	gei
le	Schild	krö	te	qua	per
Ti	nu	Meer	schwein	chen	xe

Häufige Wörter flüssig lesen

1 Du brauchst:

Spiele so:
- würfeln
- Wörter lesen
- Punkt anmalen

ich
und
aber
oder
mit

du
also
kein
dein
was

er
auch
nach
dort
unter

sie
alle
etwas
wann
mehr

wir
ganz
für
im
wenn

ihr
denn
ja
warum
nein

1 Eine Spielanleitung lesen und verstehen; Funktions- und Häufigkeitswörter wiederholend lesen

Wörter und Bilder verbinden

1

a

der Finger | der Arm | der Fuß | der Bauch | der Kopf | das Bein

b

sitzen | liegen | gehen | stehen | hüpfen | rennen

c

rund | eckig | heiß | kalt | schwer | leicht

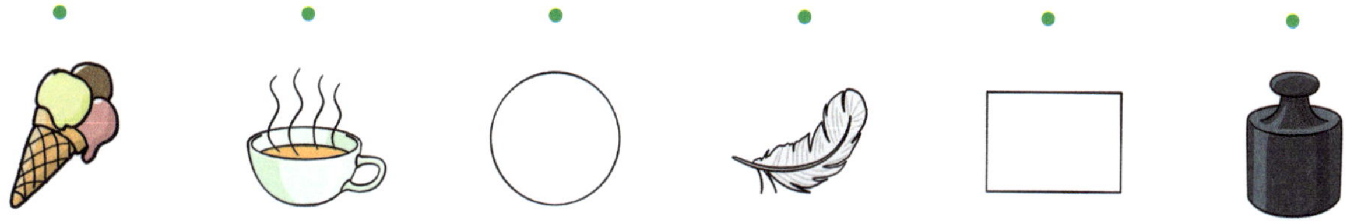

1 Wörter lesen und jeweils mit dem passenden Bild verbinden

Wörter genau lesen

1

das Auge
das Auto 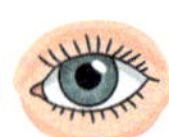
der Auftrag

die Natur
die Nadel 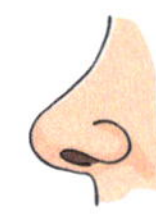
die Nase

der Lappen
die Lippen 
das Leben

reiten
rufen 
rütteln

fragen
fressen 

freuen

hoffen
holen 
hören

sauber
sahnig 
sauer

dunkel
durstig 
dumm

leise
leicht 
lang

Fußball
Fußbad 
Fußbett

vorlaufen
verlosen 
vorlesen

bitterkalt
grasgrün 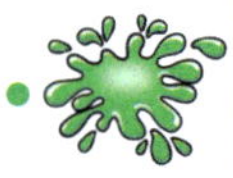
steinhart

1 Wörter lesen und dem passenden Bild zuordnen

2

☒ Kopfkissen
☐ Kopfküssen

☐ Armband
☐ Armwand

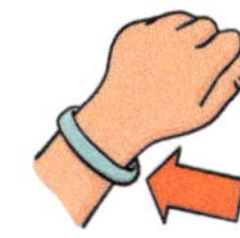

☐ Betthecke
☐ Bettdecke

☐ Hundschuh
☐ Handschuh

☐ Schreibfisch
☐ Schreibtisch

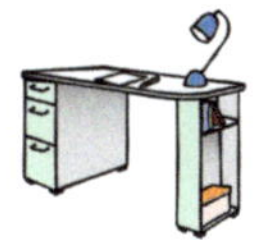

☐ Handtuch
☐ Wandtuch

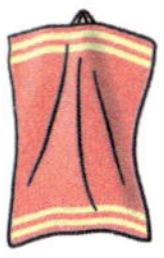

☐ Badewanne
☐ Badetanne

☐ Tarnschuh
☐ Turnschuh

3

die Wolldecke
blau
kariert

☐ 

☐ 

☐ 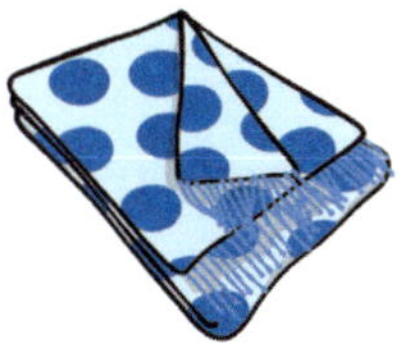

das Buch
rot
dick

☐ 

☐ 

☐ 

das Kissen
hellgrün
gepunktet

☐ 

☐ 

☐ 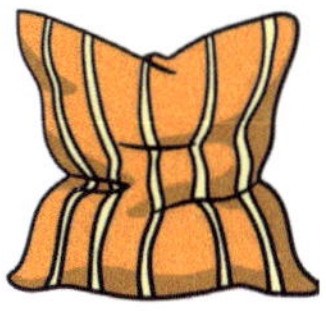

Lesen und malen

1

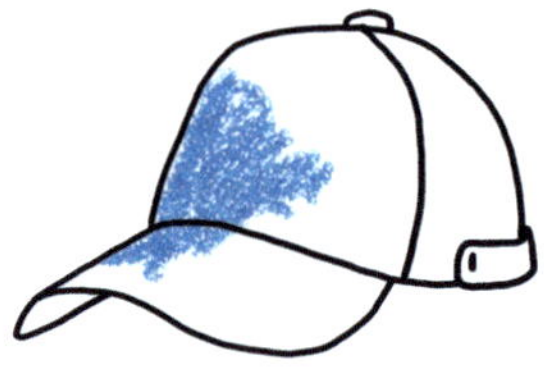

eine blaue Kappe

ein gestreifter Schal

ein roter Mantel

zwei gepunktete Socken

eine Mütze mit Bommel

eine grüne Hose

2

ein großer Schuh und ein kleiner Schuh

ein kurzes Kleid und ein langes Kleid

ein gepunktetes Tuch und ein gestreiftes Tuch

ein grüner Hut und ein brauner Hut

ein gelber Pullover und ein weißer Pullover

ein bunter Rock und ein grauer Rock

Zeichen lesen

1

a

erstaunt | traurig | wütend | fröhlich | ängstlich

b

Lies. | Kreise ein. | Kreuze an. | Markiere. | Verbinde.

c

Höre gut zu. | Melde dich. | Sei leise. | Räume auf. | Arbeitet zu zweit.

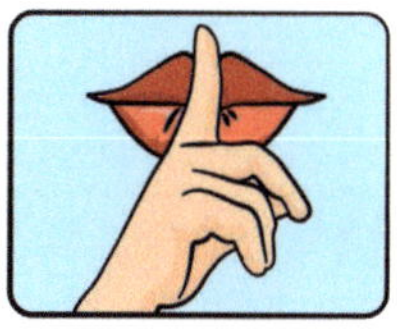 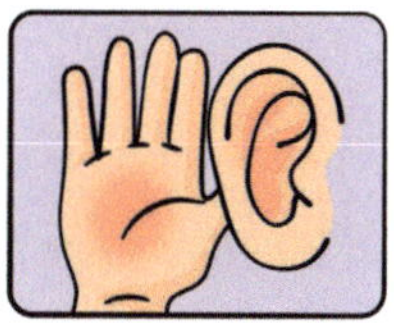   

1 Ein Wort / eine Wortgruppe lesen und dem passenden Zeichen (Smileys, Aufgabenvignetten, Aufgabenschilder) zuordnen

Wortgrenzen erkennen

1

Arm
Armband
Armbanduhr

Regen
Regenschirm
Regenschirmständer

Klo
Klopapier
Klopapierrolle

Garten
Gartenhaus
Gartenhaustür

Müll
Mülleimer
Mülleimertüte

2

KellerHammerNagelBohrmaschineLeiterSchraube

arbeitensuchenbohrenmessenaufräumenreparieren

gesundnebeliglauttraurigwitzigschwerfröhlich

1 Immer länger werdende Wörter (Treppenwörter) lesen – 2 Wörterschlangen lesen und Wortgrenzen erkennen und kennzeichnen

Wörter lesen und mit einem Bild vergleichen

1

a

- [x] 4 blaue Stühle
- [ ] ein grüner Tisch
- [ ] ein Kuchen im Backofen
- [ ] Käse auf dem Tisch
- [ ] Katze im Körbchen
- [ ] 4 Messer im Glas
- [ ] Obst in der Schale
- [ ] 8 Gläser im Regal
- [ ] 2 Töpfe auf dem Herd
- [ ] Tür offen

b

- [ ] ein rotes Bett
- [ ] eine grüne Uhr
- [ ] ein Poster mit Blumen
- [ ] eine Rakete im Regal
- [ ] 4 Bücher auf dem Tisch
- [ ] eine Schlange unterm Bett
- [ ] eine große blaue Kiste
- [ ] ein gestreifter Ball
- [ ] eine Schere auf dem Boden
- [ ] ein Monster im Bett

Wörter in anderen Farben und Schriften lesen

1

rot orange gelb grün blau

lila braun pink schwarz grau

hellgrün dunkelrot himmelblau sonnengelb

2 Kreise **Spiegel** und **Seife** ein.

Spiegel Spange Seife **Spiegel**

Spülkasten Spinnennetz Spiegel spülen

Spraydose spiegeln Spülkasten

Spange Spinnennetz Seife spitz

spülen Spiegel

Spiegel spitz Spiegel **Spraydose** spiegeln

Spiegel

Spinnennetz Seife Spiegel

spiegeln spülen spiegeln Seife

Seife **Spiegel** Spülkasten Spiegel

 ________-mal  ________-mal

1 Farbadjektive lesen und sie gemäß ihrer Bedeutung farbig einkreisen – 2 Wörter in unterschiedlicher Schriftart und Größe lesen

Rätseln und entspannen

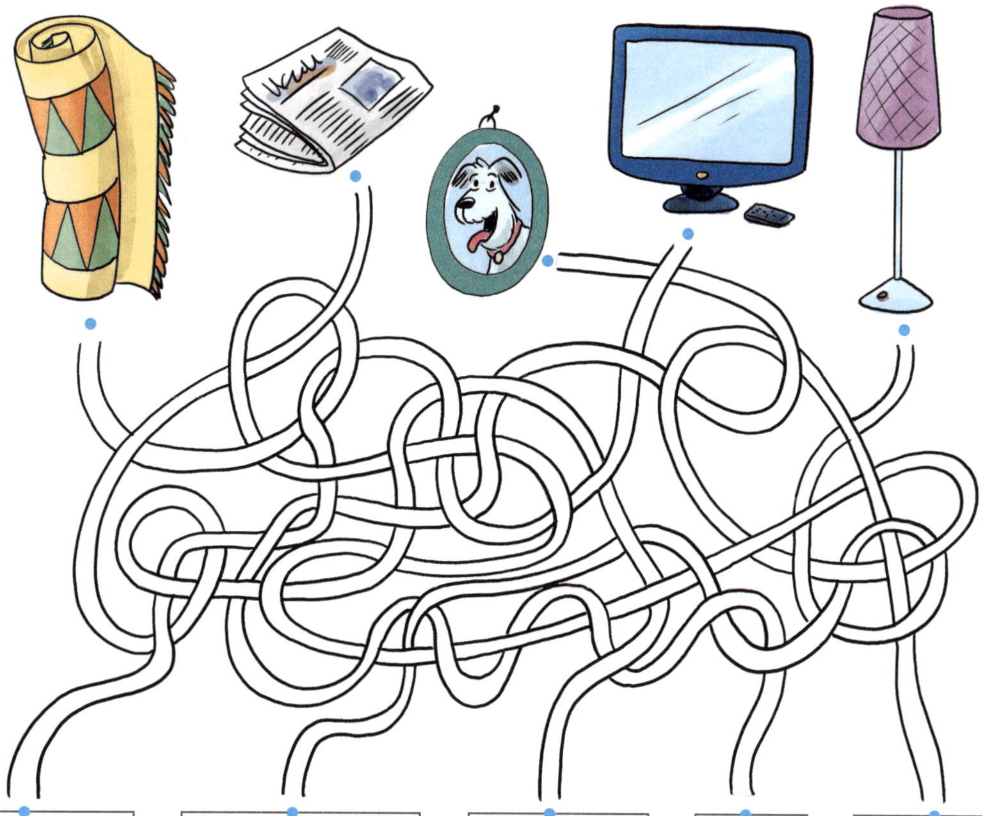

Fernseher	Stehlampe	Zeitung	Bild	Teppich

Sätze genau lesen

1 Lies und verbinde.

- Der Junge schwimmt.
- Der Junge springt.

- Die Kinder spielen.
- Die Kinder spülen.

- Lilli winkt von ganz oben.
- Lilli klettert nach ganz oben.

2 Lies und kreuze den richtigen Satz an.

☐ Die Sonne weint. ☒ Die Sonne scheint.	☐ Wir fahren Roller. ☐ Wir fahren Rolltor.
☐ Sina verbraucht sich. ☐ Sina versteckt sich.	☐ Hunde bellen laut. ☐ Hunde brüllen laut.
☐ Ich turne an einem Ast. ☐ Ich turne an einer Ameise.	☐ Viele Kinder lachen gern. ☐ Viele Kinder landen gern.

1 Einem Bild den passenden Satz zuordnen – 2 Zwei Sätze vergleichend lesen und jeweils den sinnvollen Satz auswählen

Sätze lesen und zuordnen

1 Lies und verbinde.

a

Frau Aslan ist Polizistin. • 

Herr Müller reinigt ein Büro. • 

Cosma arbeitet in einem Labor. • 

Torben erntet Gemüse. • 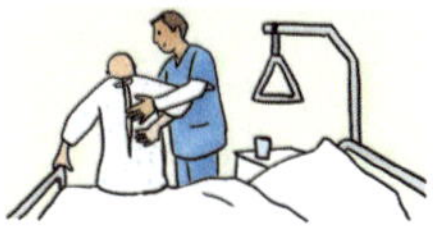

Herr Thiem pflegt kranke Menschen. • 

b

Ich kümmere mich um euren Abfall. • • der Sanitäter 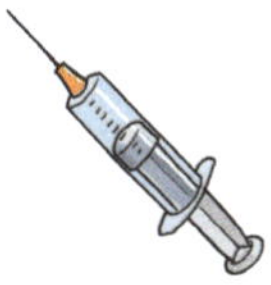

Ich komme schnell, wenn du sehr krank bist. • • die Müllwerkerin 

Bei mir musst du bezahlen. • • der Frisör 

Ich schneide dir die Haare. • • die Kassiererin 

Sätze ergänzen

1 Lies und setze das richtige Wort ein.

a

Zum Frühstück esse ich Müsli.

Mittags gibt es ______.

Ich nasche gern ______.

Auf das Brot streichen wir ______.

Wir essen täglich ______.

Matsch	~~Müsli~~
Nudeln	Nadeln
Sandiges	Süßes
Bohnen	Butter
Gemüse	Geschirr

b

Ich ______ am Tisch.

Papa ______ Kartoffeln.

Alwin ______ Tomaten.

Lara ______ ein Glas Apfelsaft.

Opa ______ den Nachtisch.

esse	liege
kitzelt	kocht
schneidet	schraubt
taucht	trinkt
macht	kracht

2 Lies und verbinde.

Heute macht Anton •	• Nüsse hineintun?
Zuerst schält er •	• in die Schüssel.
Dann schneidet er •	• eine Banane.
Zuletzt kommen Weintrauben •	• Obstsalat.
Soll er auch noch •	• Äpfel klein.

Lesen und malen

1 Lies und male weiter.

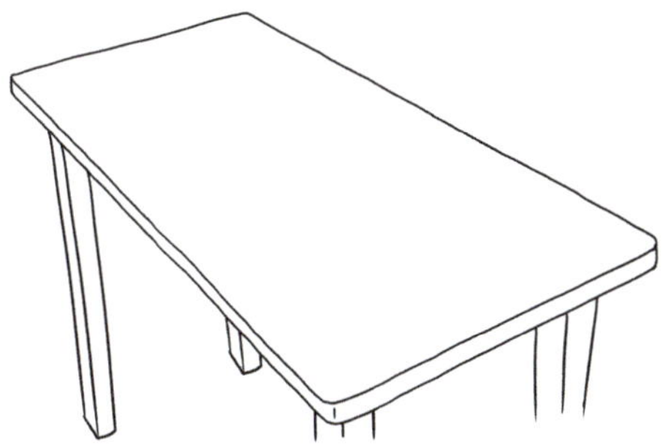

Auf dem Tisch liegen
drei Bananen.

Am Baum hängen
sieben Äpfel.

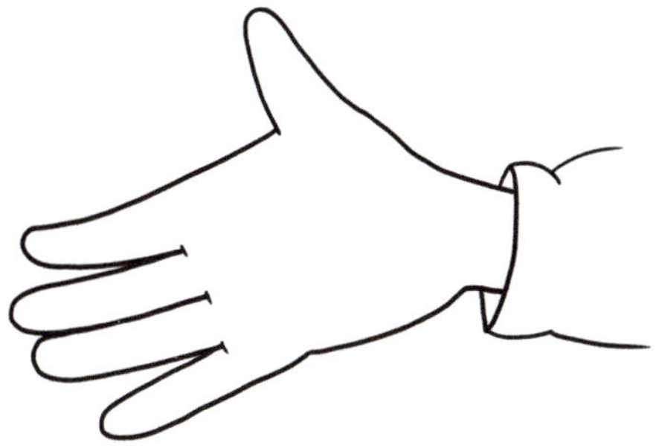

Nora hat fünf Bonbons
in der Hand.

Jimmys Zunge ist
vom Lutscher ganz blau.

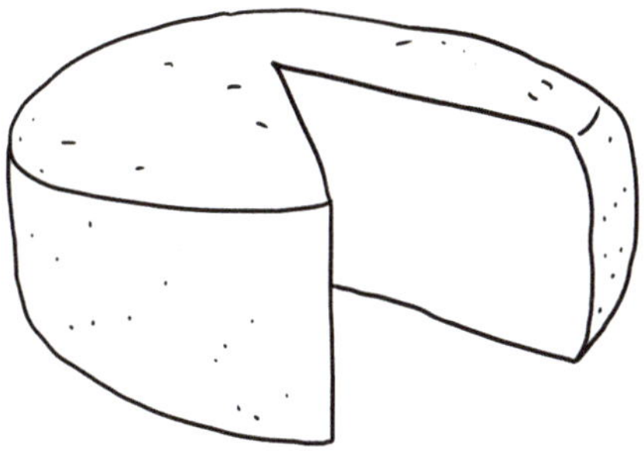

In dem Käse sind vier
große und fünf kleine Löcher.

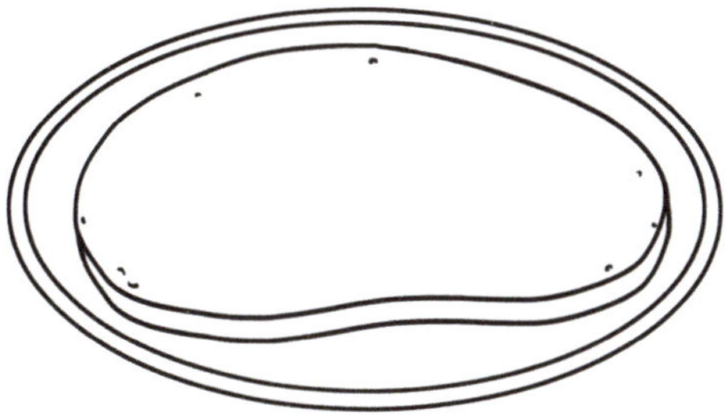

Umut hat eine Scheibe Käse
und ein Stück Tomate
auf seinem Brot.

Sätze mit einem Bild vergleichen

1 Schau dir das Bild an.

2 Lies und kreuze an.

	richtig	falsch
Die Sonne scheint.	☒	☐
Vor der Schule wachsen viele Bäume.	☐	☐
Die Blumen am Fenster sind rot.	☐	☐
Die Fahrräder stehen neben dem Bus.	☐	☐
Der Schulbus hält an der Straße.	☐	☐
Schmetterlinge fliegen umher.	☐	☐
Im Klassenraum stehen Tische.	☐	☐
Alle Kinder sitzen.	☐	☐
Das Bild an der Wand ist blau.	☐	☐
Ein Kind hat sich wehgetan.	☐	☐

1 Ein Bild betrachten – 2 Sätze mit einem Bild vergleichen und als richtig oder falsch bewerten

Sätze sinnverstehend lesen

1 Lies und kreuze an.

	richtig	falsch
Pferde haben sechs Beine.	☐	☒
Eine Woche hat sieben Tage.	☐	☐
Äpfel wachsen in der Erde.	☐	☐
In allen Küchen steht ein Bett.	☐	☐
Musik hörst du mit den Ohren.	☐	☐
Oma hat keinen Schnabel.	☐	☐
Bananen schmecken salzig.	☐	☐
Die Dusche ist meist im Badezimmer.	☐	☐

2 Lies und verbinde.

Der Elefant hat große Ohren, •	• weil sie vier Flügel haben.
Die Klapperschlange klappert mit dem Schwanz, •	• um so ihre Feinde zu warnen.
Stinktiere wehren sich gegen Feinde, •	• denn sie können sehr alt werden.
Schildkröten sind Haustiere fürs Leben, •	• weil er sich damit kühlt.
Libellen können rückwärts fliegen, •	• indem sie stinkende Flüssigkeit versprühen.

Fragen lesen und beantworten

1 Lies und verbinde.

Wie viele Beine haben Katzen?

Wo wohnst du?

Wo lebt das Wildschwein?

Was sind Vulkane?

Wer muss zur Schule gehen?

Wann geht die Sonne unter?

Ich lebe in Berlin.

Kinder müssen zur Schule gehen.

Am Abend geht sie unter.

Es ist im Wald zu Hause.

Das sind Berge, die Feuer speien.

Sie haben vier Beine.

2 Lies und schreibe.

Urlaub Spielfeld Klobrille ~~Tischbeine~~
Handschuh Sparschwein Glühbirne

Welche Beine können nicht laufen?	Tischbeine
Welches Schwein quiekt nicht?	
Welche Brille ist nicht zum Sehen da?	
Welche Birne wird nicht gegessen?	
Auf welchem Feld wächst kein Gemüse?	
Welches Laub hängt nicht am Baum?	
Welcher Schuh steht nicht auf dem Boden?	

1 Fragen und Antworten zuordnen und verbinden – 2 Antworten auf Scherzfragen auswählen und schreiben

Rätseln und entspannen

Welches Bild fehlt? Kreuze an.

☐ Himbeere
☐ Blaubeere
☐ Erdbeere

☐ nur Schoko
☐ Vanille und Erdbeer
☐ Vanille und Schoko

☐ Hände nach oben
☐ Hände zur Seite
☐ Hände nach unten

Lesen und malen

1 Lies und male weiter.

Mimi malt
einen grünen Drachen.
Er hat rote Hörner
und spuckt Feuer.

Musa malt
eine Vase mit Streifen.
Darin sind drei rote Blumen
und vier gelbe Blumen.

2 Lies und male weiter.

Tim hat ein Fahrrad.
Es ist gelb und hat
drei rote Streifen.
Am Lenker ist
eine blaue Klingel.
Ein schwarzer Fahrradkorb
ist auf dem Gepäckträger.
Im Korb liegt
ein grüner Ball.

1 Bilder gemäß Textvorgaben weitermalen – 2 Eine Umrisszeichnung gemäß Textvorgaben ausmalen

Texte lesen und zuordnen

1 Lies und verbinde.

Es ist ein warmer Sommertag.
Im Freibad sind viele Kinder.
Heute will Amra zum ersten Mal
vom Drei-Meter-Brett springen.

Es ist ein warmer Sommertag.
Im Park sind viele Kinder.
Lilian geht mit Oma und Opa
am See spazieren.

Es ist ein warmer Sommertag.
Im Garten sind viele Kinder.
Omar spielt mit Ella Verstecken.

2 Lies und verbinde.

In den Ferien
fahre ich
in die Berge.
Dort will ich mit
Opa wandern.

In den Ferien bin
ich auf einem
Bauernhof.
Dort will ich reiten.

In den Ferien
kommt meine Tante
zu Besuch. Wir
gehen schwimmen.

Leserätsel lösen

1 Lies und verbinde.

Es ist ein Haustier.
Es kann weiß, braun, grau oder schwarz sein.
Es hat vier Beine, einen kurzen Schwanz
und lange Ohren.
Es lebt meist in einem Stall.

Es ist ein Wildtier.
Man sieht es im Wald und
manchmal auch in der Stadt.
Sein Schwanz ist lang und buschig.
Das Tier ist sehr scheu und hat ein rötliches Fell.

Es ist ein Vogel.
Er lebt nur im Frühling und Sommer bei uns.
Im Winter fliegt er nach Afrika.
Er hat ein schwarz-weißes Gefieder und
lange, rote Beine.

Es ist ein Insekt.
Es kann krabbeln und fliegen.
Es hat sechs Beine und ist meistens rot.
Manchmal hat es schwarze Punkte.

1 Rätseltexte lesen und den passenden Bildern zuordnen

2 Lies und kreise ein.

Es ist ein Haus.
Es ist ein großes Haus.
Es ist ein großes Haus mit vielen Fenstern.
Es ist ein großes Haus mit vielen Fenstern und mit einer grünen Tür.

3 Lies und schreibe.

Wer wohnt wo?

In der Rabenstraße wohnen vier Kinder aus der 2a.
Im Haus ganz links wohnt die Freundin von Bayan.
Im kleinsten Haus wohnt Sammy.
Bayans beste Freundin heißt Lia.
Die beiden wohnen nebeneinander.
Sammy wohnt neben Pepe.

______________ ______________ ______________ ______________

Texte genau lesen

1 Welche Sätze gehören zu welcher Überschrift? Lies und male.

Möwen	Muscheln

Möwen sind Vögel, die am Meer leben.
Muscheln sind Weichtiere, die im Wasser leben.
Ihre Federn sind meistens weiß oder grau.
Bei Wind lassen sich die Möwen wie Segelflieger treiben.
Ihre Schale besteht meist aus zwei Klappen.
Zwischen den Schalen versteckt sich der Weichkörper.

2 In jedem Satz passt ein Wort nicht. Lies und streiche durch.

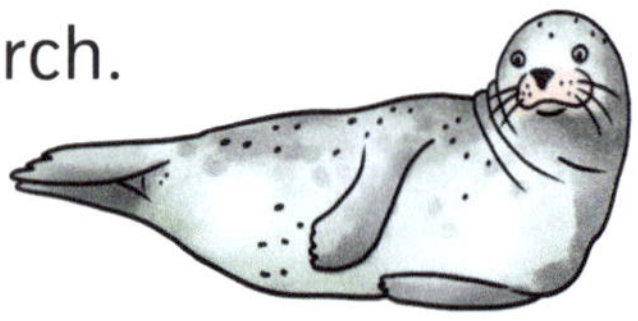

Seehunde

Seehunde kannst du häufig an der Nordsee ~~die~~ beobachten.
Ihr Fell ist dunkelgrau Jungen mit schwarzen Flecken.
Seehunde schwimmen und tauchen sehr können gut.
Bis zu 30 sofort Minuten können sie unter Wasser bleiben.
Weibchen bringen meistens ein Junges im Jahr zur Welt schwimmen.

3 Schreibe die durchgestrichenen Wörter von Aufgabe 2 auf.

Die ________ ________ ________ ________ .

1 Zwei Texte entflechten – 2-3 Stolperwörter in einem Text identifizieren; aus den Stolperwörtern einen Satz bilden

4 Was bedeutet das Quatschwort? Lies und kreuze an.

Bei der Munkelei

Frau West arbeitet bei der Munkelei.

Sie hilft Menschen und Tieren, die in Not sind.

Die Menschen bei der Munkelei tragen eine Uniform und einen Helm.

Frau West muss bei der Munkelei oft mit schweren Geräten arbeiten.

Manchmal klettert sie auch auf Leitern.

Die Munkelei hat viele verschiedene rote Autos.

Damit fährt Frau West zu ihren Einsätzen.

Munkelei bedeutet

☐ Polizei ☐ Wäscherei ☐ Feuerwehr

5 Lies und setze ein.

Handy Katze Feuerwehrfrau ~~Baum~~ Leiter

Es war Sonntag. Leo saß am Fenster und schaute hinaus.

Vor dem Fenster stand ein großer Baum.

Plötzlich miaute oben im Baum eine ______________.

Unter dem Baum telefonierte ein Mann mit seinem ______________.

Wenig später fuhr ein Feuerwehrauto in den Hof.

Eine ______________ kletterte auf einer langen

______________ in den Baum und rettete die Katze.

Einen Text sinnverstehend lesen

1 Lies den Text.

Ein ganz besonderer Zauberspruch

Auf Burg Drachenfels lebte der große Zauberer Kuno.
Er ging nur selten ins Dorf und war gern allein
mit seinem alten Kater Fridolin.
Jeden Morgen suchte der Zauberer einen neuen Zauberspruch
aus dem großen Zauberbuch heraus und probierte ihn aus.
Eines Morgens fand Kuno einen besonders interessanten Spruch.
Gespannt erhob er seinen Zauberstab und sprach die Worte:

„Spinnendreck und Entenklein,
bist vor dem Tor, komm doch herein."

Kaum hatte er die magischen Worte gesprochen,
da klopfte es auch schon ans Burgtor.
Neugierig öffnete Kuno den knarrenden Riegel.
Vor dem Tor stand ein kleines Mädchen.
Es strahlte Kuno an und sagte:
„Ich bin Mimi. Ab heute werde ich bei dir die Zauberei lernen."

2 Welches Bild passt zum Text? Kreuze an.

Rätseln und entspannen

Welche Bildhälfte passt? Kreuze das Spiegelbild an.

Finde den Weg. Verbinde immer .

Gehe nur in diese Richtungen: → ← ↓ ↑ .

Wörter und Sätze lesen

1 Was siehst du auf dem Bild? Lies und kreise ein.

Kinder	Papagei
Seemann	Piratenschatz
Münzen	Gold
Schatzkarte	Sandstrand
Piratenschiff	Sonne
Augenklappe	Palme
Haifisch	Wasser
Mast	Holzbein

2 Lies und zeichne Striche zwischen die Wörter.

F I N D E | D E N S C H A T Z :

G E H E Z U M B R E I T E N S T R A N D .

F I N D E D A S A L T E B O O T .

L A U F E H U N D E R T S C H R I T T E N A C H S Ü D E N .

F I N D E D I E H Ö C H S T E P A L M E .

G R A B E S I E B E N M E T E R T I E F .

3 Wo ist der Schatz? Kreuze an.

1 Wörter lesen und mit einem Bild vergleichen – 2 Wörterschlangen lesen und Wortgrenzen erkennen und kennzeichnen – 3 Das zum Text von Aufgabe 2 passende Bild auswählen

Texte lesen

1 Welches Bild passt? Lies und kreuze an.

Wetterbericht

a Am heutigen Freitag ist tolles Wetter für eine Schatzsuche. Die Sonne scheint und es ist warm, aber es wird nicht zu heiß.

☐ ☐ ☐

b Der Samstag wird kühl und regnerisch, was den Palmen guttut. Aber Vorsicht, nicht auf dem nassen Deck ausrutschen! Heute ist ein guter Tag, um zu putzen.

☐ ☐ ☐

c Am Sonntag wird es stürmisch. Heute sollte das Schiff lieber im Hafen bleiben. Auch Piratenkinder müssen sich mal ausruhen.

☐ ☐ ☐

2 Was tun die Piratenkinder wann? Lies und verbinde.

Freitag •	• eine Pause machen
Samstag •	• einen Schatz suchen
Sonntag •	• das Schiff putzen

Einen Comic lesen

1 Lies den Comic.

2 Lies und kreuze an.

a Was macht Hägars Sohn?

- ☐ Er malt ein Bild.
- ☐ Er liest ein Buch.
- ☐ Er schreibt eine Geschichte.

b Hat in der Familie von Hägars Frau schon einmal jemand ein Buch gelesen?

- ☐ Ja, in ihrer Familie lesen alle gern.
- ☐ Nein, keiner hat ein Buch gelesen.

c Warum findet Hägars Sohn Bücher gut?

- ☐ Bücher erzählen Sachen.
- ☐ Bücher sind lustig.
- ☐ Bücher haben Bilder.

3 Lies und verbinde.

Hägars Sohn liest •	• „Das ist Blödsinn!“
Hägar fragt seinen Sohn, •	• auf dem Tisch ein Buch.
Hägars Sohn erklärt, dass Bücher •	• wozu Bücher gut sind.
Hägar sagt: •	• ein Buch.
Dann findet Hägar •	• und sagt: „Hallo …?“
Er hält das Buch an sein Ohr •	• Sachen erzählen.

4 Was könnte Hägar hier denken? Schreibe.

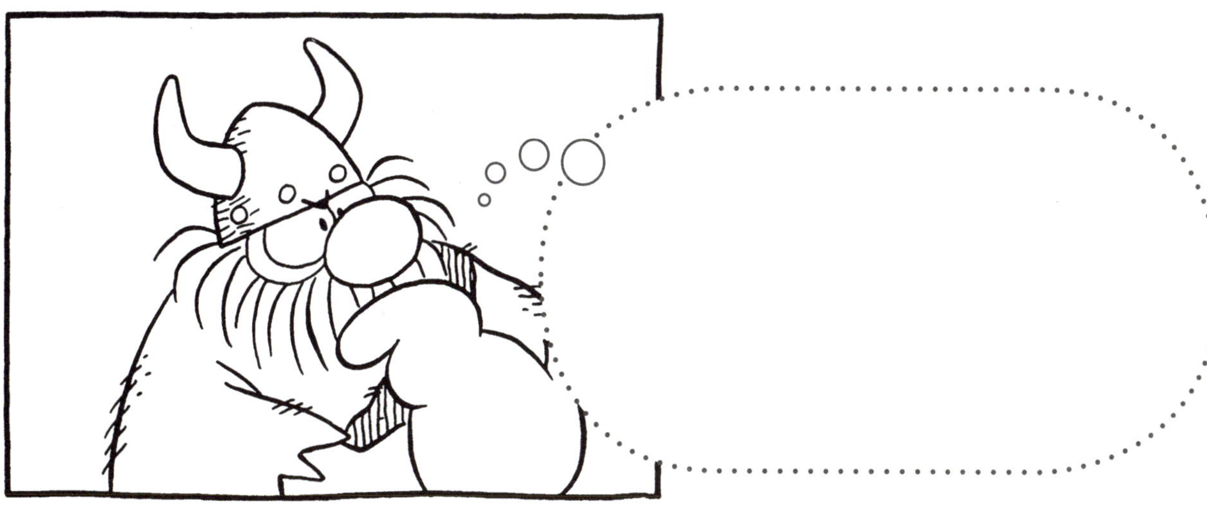

5 Kennst du noch andere Comics? Schreibe.

Ein **Comic** ist ein Text, der mit Bildern und Sprechblasen erzählt wird.
Comics sind oft witzig.

Eine lustige Geschichte lesen

71

1 Schau dir die Überschrift und die Bilder an.
Worum könnte es in der Geschichte gehen? Kreuze an.

- [ ] Opa kocht heute ein leckeres Mittagessen.
- [ ] Opa passiert ein Unglück beim Wasserkochen.

2 Lies die Geschichte.

Opa und der neue Wasserkocher

von Marc-Uwe Kling

Die Mama von Tiffany, Max und Luisa hatte einen neuen Wasserkocher gekauft. Er war aus Edelstahl, aber unten war Plastik. Und Plastik, das ist dir vielleicht klar, sollte man nie auf eine Herdplatte stellen.

Der Opa behauptete später, wenn die Oma keinen Tee hätte haben wollen, dann wäre das alles nicht passiert. Der Opa war nämlich in die Küche gegangen, um einen Tee für die Oma zu machen. Und dazu hat der Opa den Wasserkocher auf eine Herdplatte gestellt. Dann hat er die Platte eingeschaltet und ist wieder aus der Küche gegangen.

Plötzlich kam Luisa aus ihrem Zimmer gestürmt und rief: „Macht die Fenster zu! Der Kacknachbar verbrennt wieder seinen Müll!“ Luisas Haare waren zu der Zeit übrigens gerade rot. Und weil ihr von dem Gestank schlecht war, wirkte ihr Gesicht etwas grün. Tiffany fand das lustig.

Die ganze Familie rannte durchs Haus und schloss alle Fenster. Half aber gar nix. Im Gegenteil. Max schnüffelte. „Ich glaube, das kommt aus der Küche“, sagte er. Da hielt sich der Opa erschrocken die Hand vor den Mund. Der Wasserkocher!

(gekürzt, verändert)

3 Lies und kreuze an.

	richtig	falsch
Die Mama hatte einen neuen Wasserkocher gekauft.	☒	☐
Der neue Wasserkocher war aus Glas.	☐	☐
Der Opa wollte einen Kaffee für die Oma kochen.	☐	☐
Der Opa stellte den Wasserkocher auf den Herd.	☐	☐

4 Lies und kreuze an.

a Warum glaubte Luisa, dass der Nachbar Müll verbrannte?

- ☐ Sie hatte aus dem Fenster geschaut und es gesehen.
- ☐ Es hatte plötzlich gestunken.

b Warum half es nicht, die Fenster zu schließen?

- ☐ Der Gestank von draußen war zu stark.
- ☐ Der Gestank kam gar nicht von draußen.

5 Was passierte mit dem Wasserkocher, als die Herdplatte heiß wurde?
Schreibe deine Vermutung auf.

Eine **Geschichte** ist ein Text, in dem etwas erzählt wird.
Die Person, die die Geschichte geschrieben hat, heißt **Autorin** oder **Autor**.

Eine Erlebniserzählung lesen

1 Lies die Geschichte.

Ein ganz besonderer Fund

von Yusra

Letzten Sommer machten Papa und ich Urlaub an der Ostsee. An einem Tag liefen wir am Strand entlang und sahen in der Ferne etwas liegen. Es war groß, lang und dunkel. Als wir näher kamen, erkannten wir, dass es aus Holz war. Es sah aus wie ein Boot. Papa war plötzlich ganz aufgeregt. „Könnte das ein Einbaum sein?“, überlegte er. „Was ist das?“, fragte ich. Papa erklärte: „Ein Einbaum ist ein Boot aus einem einzigen Baumstamm. Schon vor vielen tausend Jahren bauten die Menschen solche Boote.“ Auf dem Rückweg gingen wir zum Museum und erzählten von unserem Fund. Die Leiterin des Museums ließ sich von uns die Stelle beschreiben und versprach, sich bei uns zu melden, sobald sie das Fundstück angeschaut hatte.

Und tatsächlich – am nächsten Morgen rief die Museumsleiterin an. „Es sieht so aus, als hätten Sie tatsächlich einen Einbaum gefunden“, sagte sie. „Wir schätzen, dass er mindestens 1000 Jahre alt ist.“

Einige Wochen später erhielten wir wieder einen Anruf. Wir wurden eingeladen, den Einbaum zu besichtigen, der inzwischen im Museum ausgestellt wurde. Auch ein Reporter der Ostsee-Zeitung sollte kommen.

In einer **Erlebniserzählung** steht, was jemand erlebt hat.
Am Anfang erfährst du oft, **wer** etwas **wo** und **wann** erlebt hat.

2 Lies und verbinde.

Das Kind machte mit seinem Vater •	• etwas Langes liegen.
Am Strand sahen sie •	• über 1000 Jahre alter Einbaum.
Es war aus Holz und sah aus •	• Urlaub an der Ostsee.
Der Vater glaubte, dass es •	• wie ein Boot.
Vater und Kind informierten •	• die Leiterin des Museums.
Tatsächlich war das Boot ein •	• zur Ausstellung ein.
Das Museum lud Vater und Kind •	• ein Einbaum sein könnte.

3 Welches der Bilder zeigt einen Einbaum?
Kreuze an.

4 Welche Überschrift könnte der Reporter für seinen Zeitungsartikel wählen?
Lies und kreuze an.

☐ **Boot gefunden**

Besitzer bitte bei der Zeitung melden

☐ **Sensationsfund am Ostseestrand**

Vater und Kind finden jahrhundertealtes Boot

☐ **Einbäume auf der Nordsee**

So überquerte man im Mittelalter das Meer

Eine Fantasiegeschichte lesen

1 Lies die Geschichte.

Furnickel

von Insa Scheller

Tief im Wald leben die Furnickel. Sie sehen aus wie Kaninchen, mit weichem Fell, Puschelschwanz und flauschigen Ohren. Aber anders als bei gewöhnlichen Kaninchen leuchtet das Fell der Furnickel in allen Farben des Regenbogens. Es gibt rote Furnickel, blaue und grüne. Sehr seltene Exemplare haben bunte Streifen oder lustige Punkte.

Furnickel leben in Erdhöhlen unter den höchsten Bäumen des Waldes. Dort leben sie in großen Familien zusammen und kommen nur zum Fressen und Spielen nach oben. Furnickel fressen ausschließlich bunte Zauberblumen. Unter den großen Bäumen spielen die kleinen Furnickel tagsüber Verstecken. Sie können schneller hoppeln als der Wind und finden die besten Verstecke des Waldes.

Nur Menschenkinder können Furnickel sehen. Aber nur selten findet ein Kind den Weg zu den Furnickelbäumen. Und noch seltener fassen die Furnickel Vertrauen und zeigen sich dem Menschenkind. Dann aber darf das Kind mitspielen und die Furnickel, wenn es Glück hat, sogar auf den Arm nehmen und streicheln. Und wer ein Furnickel streichelt, dem erfüllt das Tier einen Herzenswunsch.

In einer **Fantasiegeschichte** kommen **fantastische Figuren** vor.
Das sind Menschen, Tiere oder Wesen, die es in Wirklichkeit nicht gibt.

2 Wie heißen die fantastischen Wesen in der Geschichte? Schreibe.

3 Was können die fantastischen Wesen? Lies und kreuze an.

- ☐ Sie können im Dunkeln sehen.
- ☐ Sie können Wünsche erfüllen.
- ☐ Sie können sprechen wie Menschen.

4 Woran erkennst du, dass Furnickel fantastische Wesen und keine normalen Kaninchen sind?
Markiere drei Beispiele im Text auf Seite 42.

5 Welche drei Dinge stimmen nicht?
Kreise ein.

6 Was würdest du dir von einem Furnickel wünschen? Schreibe.

Ein Märchen lesen

71

1 Schau dir die Überschrift und das Bild an.
Worum könnte es in dem Märchen gehen? Schreibe.

2 Lies das Märchen.

Goldlöckchen und die drei Bären

Ein englisches Märchen, nacherzählt

Es waren einmal drei Bären, die wohnten tief im Wald in einem Häuschen. Jeden Morgen kochte die Bärin einen Topf mit Brei und füllte ihn in drei Schüsseln. Dann ging die Bärenfamilie spazieren.

Und es war einmal ein kleines Mädchen, das Goldlöckchen hieß. Eines Tages kam Goldlöckchen zufällig am Haus der Bären vorbei. Goldlöckchen lief in die Küche, denn sie hatte Hunger. Doch der Brei in der großen Schüssel des Bärenvaters war ihr zu heiß. Auch der Brei in der Schüssel der Bärenmutter war ihr zu heiß. Den Brei in der kleinsten Schüssel fand sie genau richtig und aß ihn auf.

Nun war Goldlöckchen müde. Sie ging nach oben. Dort legte sie sich in das große Bett des Bärenvaters. Das war ihr zu hart. Sie probierte nun das Bett der Bärenmutter aus, aber das war ihr zu weich. Das Bett des Bärenkindes war genau richtig und sie schlief ein.

Bald darauf kamen die drei Bären von ihrem Spaziergang zurück. „Wer hat von meinem Brei gegessen?“, fragte der Bärenvater. „Wer hat in meinem Bett gelegen?“, fragte die Bärenmutter. Das Bärenkind rief: „Und wer liegt da in meinem Bett?“ Da wachte Goldlöckchen auf und sah die drei Bären um ihr Bett stehen.

(gekürzt, verändert)

> Ein **Märchen** ist eine besondere Geschichte.
> In Märchen kommen **Märchenfiguren** vor,
> zum Beispiel sprechende Tiere, Prinzessinnen oder Hexen.
> Oft fangen Märchen mit diesen Worten an: **„Es war einmal …“** .

3 Welche Märchenfiguren kommen in diesem Märchen vor?
Lies und kreuze an.

- ☐ eine böse Hexe
- ☐ sieben Zwerge
- ☐ drei sprechende Bären

4 Lies die Sätze und bringe sie in die richtige Reihenfolge.
Schreibe **1 2 3 4 5** in die Kreise.

- ◯ Neugierig ging Goldlöckchen ins Haus.
- ◯ Sie aß vom Brei der Bären und legte sich in das Bett des Bärenkindes.
- (1) Drei Bären wohnten in einem Häuschen tief im Wald.
- ◯ Eines Tages kam ein Mädchen namens Goldlöckchen vorbei.
- ◯ Die Bären kamen nach Hause und fanden Goldlöckchen.

5 Wie könnte das Märchen enden? Lies.
Kreuze an oder schreibe.

- ☐ Goldlöckchen erschrak so sehr,
  dass sie aus dem Fenster sprang und davonrannte.
- ☐ Goldlöckchen durfte von nun an bei den Bären wohnen.
- ☐ ______________________________

Den Fachbegriff **Märchen** sowie dessen Bedeutung kennenlernen – 3 Fragen zum Text beantworten – 4 Sätze zum Inhalt des Märchens in die richtige Reihenfolge bringen – 5 Ein passendes Ende für das Märchen auswählen oder finden

Eine Detektivgeschichte lesen

1 Lies die Geschichte.

Das gestohlene Gemälde

von Marieke Schnieder

Dora Falkenauge möchte Detektivin werden, wenn sie groß ist. Auch Oma findet Doras Berufswunsch toll.

An einem verregneten Montagnachmittag sitzt Dora in ihrem Zimmer und starrt an die Decke, als plötzlich das Telefon klingelt. „Doralein!“, ruft Oma aufgeregt am anderen Ende der Leitung. „Das kostbare Gemälde mit den Sonnenblumen ist weg! Ich habe es all die Jahre auf dem Dachboden aufbewahrt. Niemand wusste, dass es dort war. Am Wochenende war ich verreist und heute Morgen war das Bild verschwunden.“ „Hast du schon mit irgendjemandem gesprochen, seit das Gemälde verschwunden ist?“, fragt Dora. „Mit keiner Seele“, antwortet Oma. „Dann tue das auch weiter nicht. Ich bin gleich da!“, ruft Dora.

Oma wohnt in einer lustigen Wohngemeinschaft mit drei alten Herren. Als Dora ankommt, bittet sie sofort alle in die Küche. „Omas wertvolles Gemälde ist gestohlen worden“, sagt Dora. „Was wissen Sie darüber?“

Als erstes äußert sich Herr Huber: „Ich bin eben erst von einem Besuch bei meinem Enkel wiedergekommen. Ich kann es nicht gewesen sein!“ Auch Herr Willmann bringt schnell ein Alibi vor: „Ich war ebenfalls nicht zu Hause. Ich habe mit meinem Kegelclub einen Ausflug ans Meer gemacht.“ Schließlich äußert sich Herr Doktor Fuchs: „Ich habe das Sonnenblumenbild nicht vom Dachboden gestohlen. Ich habe die ganze Nacht mit meiner Nichte telefoniert.“

2 Lies und kreuze an.

	richtig	falsch
Dora Falkenauge will Detektivin werden.	☐	☐
Omas Halskette ist gestohlen worden.	☐	☐
Dora verspricht Oma, gleich zu kommen.	☐	☐
Oma wohnt mit drei Herren zusammen.	☐	☐

3 Lies und verbinde.

Ich war die ganze Zeit bei meinem Enkel Johann.

Ich war nicht auf dem Dachboden. Ich habe die ganze Nacht telefoniert.

Ich war es nicht. Ich war mit meinem Kegelclub am Meer.

Herr Huber

Herr Willmann

Herr Doktor Fuchs

4 Wer hat das Gemälde gestohlen?
Schreibe und begründe deine Meinung.

Fachbegriffe für Texte kennen und nutzen

72

Ein **Text** besteht aus vielen **Sätzen**.
Längere Texte sind in **Absätze** aufgeteilt.
Eine Reihe in einem Text ist eine **Zeile**. Oft sind die Zeilen nummeriert.
Die meisten Texte haben eine **Überschrift**
und eine **Autorin** oder einen **Autor.**

1 Lies den Text und schreibe die Fachbegriffe an die richtige Stelle.

der Satz | die Überschrift | der Autor | die Zeile | der Absatz

Manchmal wär ich gern ein Tiger → ______

von Erhard Dietl → ______

Manchmal wär ich gern ein Tiger. Mein kleiner Bruder darf dann immer auf mir reiten. Wir reiten die Straße entlang bis zum Spielplatz und ich lege mich an den Rand vom Sandkasten. → ______

Wenn die großen Kinder meinen Bruder ärgern wollen, dann beschütze ich ihn. → ______ Ich knurre ganz laut und zeige ihnen meine scharfen Krallen.

Und wenn mein Bruder in der Nacht Angst hat, → ______ dann schlüpfe ich zu ihm ins Bett. Er darf sich an mein Tigerfell kuscheln und ich erzähle ihm eine Geschichte aus dem Dschungel.

Rätseln und entspannen

Schau dir das Bild an.

Zähle und schreibe.

Hexen: ______

Katzen: ______

Einhörner: ______

Zwerge: ______

Könige: ______

Monster: ______

Einen Stundenplan lesen

In einer **Tabelle** werden Informationen übersichtlich und geordnet dargestellt.

1 Lies die Tabelle.

Nachmittagsangebote der Grundschule Gartenstadt

	Montag	Dienstag	Mittwoch	Donnerstag	Freitag
Wann?	14:15 – 15:00	15:00 – 16:00	14:00 – 15:00	14:15 – 15:00	14:15 – 15:00
Was?	Tanz und Bewegung	Einradfahren	Kreativwerkstatt	Schach-AG	Singend ins Wochenende
Für wen?	Klasse 1 und 2	Klasse 1 bis 4	Klasse 3 und 4	Klasse 1 bis 4	Klasse 1 bis 4
Mit wem?	Herr Filmar	Frau Müller	Frau Bock	Frau Holz	Herr Hehn
Wo?	Turnhalle	Schulhof	Kunstraum	Bücherei	Musikraum

2 Lies und kreuze an.

Wie viele Spalten hat die Tabelle? ☐ 5 ☐ 8 ☐ 6

Wie viele Zeilen hat die Tabelle? ☐ 6 ☐ 7 ☐ 5

Was steht in der ersten Zeile der Tabelle?

☐ Dort steht, wo etwas stattfindet. ☐ Dort stehen die Wochentage.

3 Lies und schreibe.

Was findet von 14.00 bis 15.00 Uhr statt? ______________________

Wer leitet das Angebot **Tanz und Bewegung**? ______________________

Wie viele Angebote gibt es für die Klassen 1 bis 4? ______________________

Wobei würdest du gern mitmachen? ______________________

Den Fachbegriff **Tabelle** und dessen Bedeutung kennenlernen – 1 Eine Tabelle lesen – 2-3 Informationen aus einer Tabelle entnehmen und Fragen beantworten

Eine digitale Aufgabe lesen

1 Schau dir die Abbildung der digitalen Aufgabe an.

2 Für welches Fach sind die Übungen? Markiere im Bild.

3 Lies und kreuze an.

a Welche Aufgabe wurde ausgewählt?

☐ Sätze lesen ☐ Wort-Bild-Paare finden

b Wie viel Zeit hast du für diese Aufgabe?

☐ 150 Sekunden ☐ 60 Sekunden ☐ 15 Sekunden

c Welches Zeichen musst du anklicken, wenn du zur nächsten Aufgabe wechseln möchtest?

☐  ☐  ☐ 

d Welches Zeichen musst du anklicken, wenn du eine Frage hast?

☐  ☐  ☐ 

e Was könnte dieses Zeichen ☆ 0 bedeuten?

☐ Ich kann für diese Aufgabe Sterne sammeln, habe aber noch keine.

☐ So viele Sterne sieht man nachts am Himmel.

Eine Einladung lesen

1 Lies die Einladung.

EINLADUNG

Lieber Mert,

ich lade dich zu meinem 8. Geburtstag ein.

Wann: 5. Mai

Wo: bei mir zu Hause in der Talstraße 14

Wir fahren zusammen ins Naturkunde-Museum.
Dort werden wir Insekten erforschen.
Bitte sag mir bis zum 1. Mai Bescheid, ob du kommst.

Ich freue mich auf dich!
Leni

2 Lies und schreibe.

Wer feiert Geburtstag? ______________________

Wer wird eingeladen? ______________________

Wann findet die Feier statt? ______________________

Wohin fahren sie zusammen? ______________________

Was machen sie dort? ______________________

____

3 Welche Information fehlt auf der Einladung? Schreibe.

____

Einen Sachtext lesen

71

Ein **Sachtext** informiert über Lebewesen oder Dinge.

1 Schau dir die Überschrift und das Foto an. Was glaubst du? Kreuze an.

- ☐ Ja, Libellen stechen oder beißen Menschen.
- ☐ Nein, Libellen stechen oder beißen Menschen nicht.

2 Lies den Text.

Stechen oder beißen Libellen Menschen?
von Nadine Pistor

Libellen sind Insekten. Alle Libellenarten stehen unter Naturschutz. Sie dürfen nicht gefangen oder getötet werden.

Männliche Libellen haben keinen Stachel. Nur die Weibchen einiger Libellenarten haben einen Stachel. Sie nutzen ihn, um damit ihre Eier in weiche Pflanzenteile zu legen. Ihr Stachel ist aber so stumpf, dass er nicht in die Haut eines Menschen eindringen kann. Libellen stechen also nicht. Außerdem sind sie ungiftig, da sie keine Giftdrüsen besitzen.

Libellen fressen beispielsweise Mücken oder Fliegen. Mit ihrem Mundwerkzeug zerkleinern sie ihre Beute. Die Mundwerkzeuge sind aber nicht so kräftig, dass Libellen damit einen Menschen beißen und verletzen könnten. Libellen können also beißen, aber sie beißen in der Regel keine Menschen.

3 Markiere zwei Sätze im Text von Aufgabe 2, die besonders interessant sind.

Eine Suchanzeige lesen

1 Lies die Suchanzeige.

GESUCHT

Name:	Theodor
Tierart, Geschlecht:	Katze, männlich
Rasse:	Europäisch Kurzhaar
Farbe:	schwarz-weiß
Besondere Kennzeichen:	weißer Latz, weiße Pfoten, schwarzer Fleck auf der Nase
Verlustdatum:	18. April
Verlustort:	Bastianstraße / Ecke Niehler Damm 50735 Köln

Wenn Sie das Tier sehen, rufen Sie bitte an! 01234567890
Schauen Sie bitte auch in Garagen, Kellerräumen, Schuppen nach, ob Theodor dort vielleicht eingesperrt wurde.

2 Welche Katze ist Theodor? Kreuze an.

☐ 

☐ 

☐ 

3 Wo soll man nach dem Tier suchen?
Markiere in der Suchanzeige.

4 Was würdest du machen, wenn dein Haustier verschwunden wäre? Schreibe.

Einen Text im Internet lesen

1 Lies den Text.

www.unserebunteschule.de

UNSERE BUNTE SCHULE | ÜBER UNS | AKTUELLES | TERMINE | OGTS

Schulhund Pina

Hallo, ich bin Pina. Ich wurde am 27.06.2020 geboren und bin eine Gordon-Setter-Hündin. Meine Hobbys sind Spielen, Laufen, Sachensuchen und Schlafen. Obwohl ich noch so jung bin, bin ich schon eine ausgebildete Schulhündin.

Im Alter von zwei Jahren wurde ich an der Grundschule **Unsere bunte Schule** eingeschult. Zweimal pro Woche begleite ich die Lehrerin Susanne Scholl in ihre Klassen. In der Schule ist alles sehr spannend für mich, denn es gibt viel zu entdecken. In der Klasse liege ich auf einer Decke. Wenn es mir zu laut ist, stehe ich auf. Das ist ein Signal für die Kinder, dass es mir nicht gut geht. Sie merken dann, dass sie leiser sein sollen.

2 Stell dir vor, in deiner Klasse gäbe es einen Schulhund. Wie würde dir das gefallen? Schreibe und begründe deine Meinung.

Einen Zeitschriftentext lesen

71

1 Schau dir die Überschrift und die Fotos an.
Was fällt dir zum Thema **Sand** ein? Schreibe.

2 Lies den Text.

Jede Menge Sand

Einer der Stoffe, der am häufigsten auf der Erde vorkommt, ist Sand. Du findest ihn an Küsten, auf dem Meeresboden oder in Wüsten. In jedem Erdboden gibt es einen Sandanteil. Ein einzelnes Sandkorn ist immer kleiner als zwei Millimeter. Auf der ganzen Welt ist es fast unmöglich, zwei Sandkörner zu finden, die genau gleich aussehen.

Wie entsteht Sand?

Sand besteht meistens aus verschiedenen Arten von Gestein. Doch bis aus Gestein Sand wird, kann es Millionen von Jahren dauern. Hoch in den Bergen lösen sich Felsbrocken und rollen hinunter ins Tal. Dabei zerbrechen sie in immer kleinere Stücke. Wind und Wasser transportieren diese Steine immer weiter. Sie werden unterwegs zu Kieseln und schließlich zu Sand, der im Meer landet.

Sand ist nicht gleich Sand

Unter dem Mikroskop kann man einzelne Sandkörner genau betrachten. Sandkörner aus dem Meer sind eckig und haben eine raue Oberfläche. Deshalb kann man mit diesem Sand sehr gut bauen. Wüstensand dagegen ist sehr fein und hat eine glatte Oberfläche. Damit kann man nicht gut bauen.

Sand hat auch unterschiedliche Farben. Schwarzer Sand besteht aus zerriebenem Vulkangestein, weißer Sand aus Resten von Muschelschalen oder Korallen.

3 Was steht im Text? Lies und kreuze an.

	richtig	falsch
Ein Sandkorn ist immer größer als zwei Millimeter.	☐	☐
In jedem Erdboden gibt es einen Sandanteil.	☐	☐
Sand besteht aus sehr kleinen Stücken Gemüse.	☐	☐
Felsbrocken rollen vom Tal auf den Berg.	☐	☐
Sandkörner aus dem Meer haben eine raue Oberfläche.	☐	☐
Mit Sand aus der Wüste kann man nicht bauen.	☐	☐

4 Lies die Fragen. Markiere die Antworten im Text auf Seite 56.

a) Wo findest du Sand?

b) Wo lösen sich Felsbrocken?

c) Was transportiert die Steine immer weiter?

d) Welcher Sand hat eine glatte Oberfläche?

5 Was hast du schon einmal mit Sand gemacht? Schreibe.

____

____

____

6 Gehe im Internet zum Beispiel auf die Seite *www.fragfinn.de*.
Gib den Suchbegriff **Zaubersand** ein.
Informiere dich und berichte einer Person deiner Wahl darüber.

Eine Anleitung lesen und ordnen

1 Lies und verbinde.

- Stelle Einweghandschuhe, eine Schüssel, ein Sieb, einen Esslöffel, einen Teelöffel und Schraubgläser bereit.
- Frage einen Erwachsenen, ob du Knete herstellen darfst.
- Um Knete herzustellen, brauchst du Mehl, Salz, Öl, Wasser und Lebensmittelfarbe.

2 Lies und ordne die Teile der Anleitung.
Schreibe **1 2 3 4 5** in die Kreise.

Knete herstellen

◯ Verknete danach alle Zutaten mit den Händen zu einem glatten Teig. Ist der Teig zu klebrig, gib etwas Mehl hinzu. Ist er zu trocken, kannst du noch etwas Wasser zufügen.

◯ Dafür drückst du in jede Teigportion eine kleine Mulde. Zieh dir Handschuhe an und tropfe vorsichtig einige Tropfen Lebensmittelfarbe in die Mulde. Dann musst du alles gründlich verkneten.

(1) Siebe zuerst 20 gehäufte Esslöffel Mehl in eine große Schüssel. Gib dann 15 Teelöffel Salz und 2 Esslöffel Öl hinzu.

◯ Hast du alle Teigportionen gefärbt, kannst du mit der Knete spielen. In Schraubgläsern bleibt sie ungefähr acht Wochen lang weich.

◯ Wenn der Teig schön glatt ist, teile ihn in Portionen ein. Diese kannst du nun mit der Lebensmittelfarbe färben.

1 Bilder und Texte einer Anleitung einander zuordnen – 2 Eine Anleitung in die richtige Reihenfolge bringen

Rätseln und entspannen

Ordne die Streifen. Schreibe **1 2 3 4 5 6** in die Kreise.

Reimwörter zuordnen

Wörter, die am Ende gleich klingen, heißen **Reimwörter**.
Sie reimen sich: **Hand – Wand, lachen – machen**.

1 Lies und verbinde die Reimwörter.

a

Wurm		Kanne	
Schal	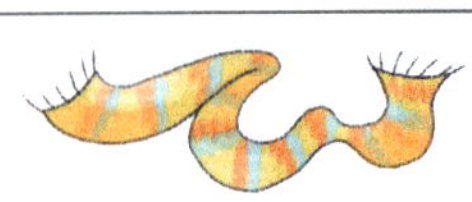	Wal	
Wanne		Turm	

b

gehen	schneller	Fass
nass	stehen	Teller
heller	blass	wehen

2 Was reimt sich? Lies und verbinde.

Ene, mene, meck	und du bist frei.
Eins, zwei, drei	in der Schule wird geschrieben.
1, 2, 3, 4, 5, 6, 7,	und du bist weg.

Den Fachbegriff **Reimwörter** sowie dessen Bedeutung kennenlernen – 1 Reimwörter einander zuordnen – 2 Sich reimende Verse einander zuordnen

Reimwörter ergänzen

1 Welches Reimwort passt? Lies und schreibe.

Zauberei
von Anne Scheller

Hokus, Pokus, Fidibaus,
da kommt die flinke graue Maus ______.

Hokus, Pokus, Fidibatze,
die Maus versteckt sich vor der ______.

Hokus, Pokus, Fidibund,
Die Katze flüchtet vor dem ______.

Hokus, Pokus, Fidiberd,
der Hund erschreckt sich vor dem ______.

Hokus, Pokus, Fidibaus,
die Tiere rennen rasch nach ______.

2 Welches Reimwort passt? Lies und schreibe.

Zum Weiterreimen
von Edith Schreiber-Wicke

Die Fledermaus scheut Sonnenlicht,
drum sieht man sie bei Tag auch nicht ______.

Der Dachs mag seine Streifen sehr,
am liebsten hätte er noch ______.

Zwei lange Ohren hat der Hase,
auch zuckt er häufig mit der ______.

Fachbegriffe für Gedichte kennen und nutzen

72

Eine Zeile im Gedicht heißt **Vers**.
Ein Gedicht hat meist kurze Verse. Oft **reimen** sich zwei Verse.
Mehrere Verse bilden zusammen eine **Strophe**.
Ein Gedicht kann eine oder mehrere Strophen haben.
Über dem Gedicht steht meistens eine **Überschrift**.
Auch der Name der **Autorin** oder des **Autors** steht oft dabei.

1 Lies und schreibe die Fachbegriffe an die richtige Stelle.

der Autor | der Reim | die Strophe | die Überschrift | der Vers

Was Tiere nicht können → ____________
von Paul Maar → ____________

Ein Tier hat's wirklich tierisch schwer,
ihr glaubt es nicht? Dann hört mal her:
Es kann sich nicht die Zähne putzen, → ____________
kann kein Klopapier benutzen,
kann nicht über Witze lachen,
und andre dumme Sachen machen.

Ein Tier hat's wirklich tierisch schwer, → ____________
ihr glaubt es nicht? Dann hört mal her:
Es kann nicht lachen, kann nicht singen, → ____________
kann keine Fünf nach Hause bringen,
hat keinen Euro in den Taschen,
und kann auch keine Flaschen waschen.

(gekürzt)

Ein Gedicht in die richtige Form bringen

1 Lies die erste Strophe des Gedichts.

Ohne Ziel
von Manfred Mai

Vor zwei, drei Jahren schwamm im Nil
ein ziemlich junges Krokodil.
Es schwamm da einfach vor sich hin,
ohne Ziel und nichts im Sinn.

2 Markiere die Reimwörter
in der Strophe von Aufgabe 1.

3 Lies die zweite Strophe des Gedichts.

So schwamm das Krokodil einher | und landete im Mittelmeer. Seither vermisst man fern im Nil sehr schmerzlich dieses Krokodil.

4 Markiere die Reimwörter in der Strophe von Aufgabe 3
und zeichne die Versgrenzen ein.

5 Schreibe die zweite Strophe in Versform auf.

Einem Gedicht Bilder zuordnen

1 Lies und verbinde.

Der Floh

von Jutta Richter

Der Floh hat seinen Hund verloren
jetzt sitzt er neben unserm Bett
im Teppich und er spitzt die Ohren
weil er so gern sein Frühstück hätt

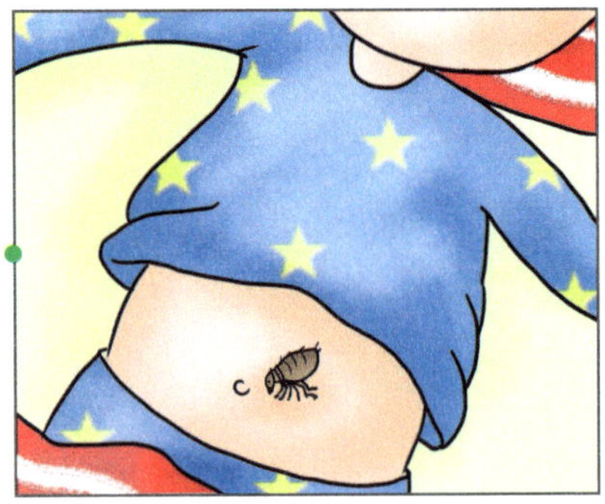

Ich liege still und schlafe fest
der Floh hört meinem Atem zu
dann springt er hoch ins Haargeäst
und klettert ohne Rast und Ruh

Am Hals hinunter auf den Bauch
da ist es warm und weich und gut
in größter Not da schmeckt ihm auch
das süße warme Menschenblut

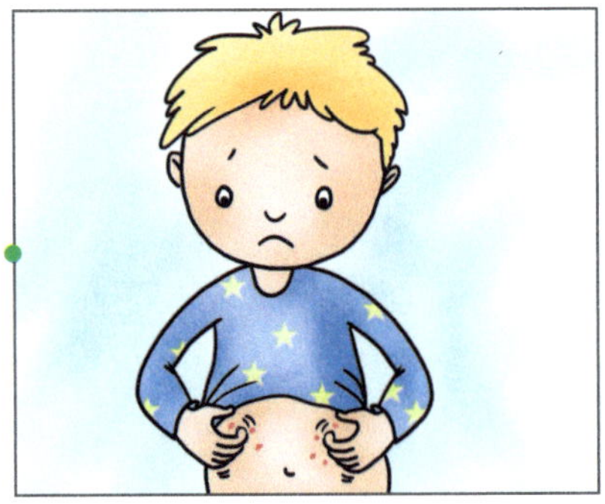

Der Floh hat siebenmal gestochen
ich kratze meinen armen Bauch
ich hätte wohl zu gut gerochen
sagt Mama und sie kratzt sich auch

Zu einem Gedicht malen

1 Lies und male.

Ein Kamel
von Christl Pfister

Ein Kamel, das wollte ja
per Autostopp nach Afrika.

Lange stand's an der Autobahn,
da endlich hielt ein Wagen an.

Doch der erwies sich als zu klein,
denn nur der Koffer passte rein.

Auto fuhr, Kamel blieb da.
Jetzt hat's 'nen Koffer in Afrika.

Ein Bildgedicht schreiben

Es gibt auch Gedichte ohne Reimwörter, Verse und Strophen.
Ein **Bildgedicht** hat eine ganz bestimmte Form.
Die Form kann dir etwas über den Inhalt verraten.

1 Lies und beantworte die Fragen.

Der Apfel
von Reinhard Döhl

a Welche Form hat das Gedicht? Kreuze an.

☐ Erdbeere ☐ Herz ☐ Apfel

b Welches Wort steht oft im Gedicht? Schreibe.

____

c Welches Wort ist einmal versteckt? Markiere.

2 Schreibe selbst ein Bildgedicht. Verstecke darin ein Wort.

Den Fachbegriff **Bildgedicht** und dessen Bedeutung kennenlernen – 1 Ein Bildgedicht lesen und Fragen dazu beantworten – 2 Selbst ein Bildgedicht gestalten

Rätseln und entspannen

Schau dir das Bild an.

Lies die Fragen. Kreise jeweils einen Gegenstand ein.

Welcher Hammer ist am größten?

Wo ist der Fliegenpilz?

Was ist spitz?

Wo ist etwas Grünes?

Was ist aus Holz?

Womit kann man messen?

Eine Geschichte lesen

1 Lies die Geschichte.

Die Geschichte von den Rosinenbrötchen

von Ursula Wölfel

Einmal hat der Vater zum Kind gesagt: „Bitte, lauf doch schnell für mich zur Post und kauf mir dreißig Briefmarken.“ Und die Mutter hat gesagt: „Auf dem Rückweg kannst du beim Bäcker drei Rosinenbrötchen holen.“ Das Kind ist mit dem Geld fortgegangen. Es war gar nicht weit bis zur Post. Aber die anderen Kinder haben auf der Straße gespielt und das Kind hat ihnen zugesehen und ein bisschen mitgespielt. Dann ist es zur Post gelaufen. Es hat drei Briefmarken gekauft und dann hat es beim Bäcker dreißig Rosinenbrötchen geholt, zwei große Tüten voll, das Kind konnte sie kaum schleppen. Der Vater hat gelacht und gerufen: „Jetzt muss ich Rosinenbrötchen auf meine Briefe kleben!“

(gekürzt)

2 Lies und beantworte die Fragen.

a Was sollte das Kind einkaufen? Markiere im Text.

b Was hat das Kind getan? Kreuze an.

- [ ] Es hat zu viele Brötchen und zu wenige Briefmarken gekauft.
- [ ] Es hat alles richtig gekauft.

c Wie hat der Vater reagiert? Kreuze an.

Einen Sachtext lesen

1 Schau dir die Überschrift und das Bild an. Welcher Satz passt? Lies und kreuze an.

- ☐ Die teuerste Briefmarke der Welt ist sehr selten.
- ☐ Die seltenste Briefmarke der Welt ist sehr billig.

2 Lies den Text.

Rekordpreis für seltene Briefmarke

Briefmarken kennt heute jeder. Man klebt oder druckt sie auf Briefe und zeigt damit: Ich habe für das Versenden bezahlt. Die erste Briefmarke wurde vor fast 200 Jahren hergestellt. Das war im Jahr 1840 in England. Vorher schickte man Briefe kostenlos ab. Wer den Brief bekam, musste bezahlen! Mit Briefmarken ist es genau andersherum: Wer den Brief abschickt, muss bezahlen. Das ist auch gerechter, oder? Alte und seltene Briefmarken sind heute sehr wertvoll. Die teuerste Briefmarke wurde vor einigen Jahren für über 7 Millionen Euro verkauft.

3 Lies und kreuze an.

	richtig	falsch
Früher bezahlte man den Brief, wenn man ihn bekam.	☐	☐
Die erste Briefmarke wurde 1823 gedruckt.	☐	☐
Die teuerste Briefmarke wurde für über 7 Millionen Euro verkauft.	☐	☐

Ein Gedicht lesen

1 Lies das Gedicht.

Ein männlicher Briefmark erlebte
von Joachim Ringelnatz

Ein männlicher Briefmark erlebte
Was Schönes, bevor er klebte.
Er war von einer Prinzessin beleckt.
Da war die Liebe in ihm erweckt.

Er wollte sie wiederküssen,
Da hat er verreisen müssen.
So liebte er sie vergebens.
Das ist die Tragik des Lebens!

2 Lies und kreuze an.

a Um wen geht es im Gedicht?

☐ eine normale Briefmarke ☐ eine lebendige Briefmarke

b Was bedeutet **verreisen** für den Briefmark?

☐ Er fährt in den Urlaub. ☐ Er wird auf einem Brief verschickt.

3 Lies und bearbeite die Aufgaben.

a Markiere die Reimwörter im Gedicht von Aufgabe 1.

b Wie heißt der Autor des Gedichts? ____________________

c Wie viele Verse hat das Gedicht? ____________________

d Wie viele Strophen hat das Gedicht? ____________________

Lesestrategien kennenlernen

Lesestrategien helfen dabei, einen Text besser zu verstehen.
Du gehst dabei Schritt für Schritt vor.

Schritt 1: Vor dem Lesen

- Lies die Überschrift des Textes.
- Schau dir die Bilder oder Fotos an.
- Überlege:

Was weiß ich schon über das Thema?

Was könnte im Text stehen?

Schritt 2: Beim Lesen

- Lies den Text Absatz für Absatz.
- Stoppe nach jedem Absatz und überlege:

Was ist passiert?

Was habe ich gerade erfahren?

- Lies den Absatz noch einmal, wenn du etwas nicht verstehst. Du kannst auch jemanden fragen.
- Markiere wichtige Textstellen.
- Beantworte die Fragen zum Text.

Schritt 3: Nach dem Lesen

- Denke über das nach, was du gelesen hast:

Wie gefällt mir der Text?

Was habe ich Neues erfahren?

- Sprich mit anderen über den Text.

Fachbegriffe kennenlernen

Fachbegriffe helfen dabei, über einen Text zu sprechen.

Fachbegriffe für Sachtexte und Geschichten

Gehäuseschnecken
von Toni Meister

die Überschrift
die Autorin / der Autor

Gehäuseschnecken tragen ihr Haus auf dem Rücken. Sie schlüpfen schon mit ihrem Schneckenhaus aus dem Ei. Ihr Haus wird den Schnecken aber nie zu klein, denn es wächst mit.

der Satz
die Zeile

Schnecken können leicht austrocknen, denn sie bestehen zu einem großen Teil aus Wasser. Bei Sonne kriechen Gehäuseschnecken in ihr Haus. Sie können es lebend nie ganz verlassen.

der Absatz

Fachbegriffe für Gedichte

Der Tag der Tiere
von Anne Scheller

die Überschrift
die Autorin / der Autor

Guten Tag! Was soll ich tun?
Ich leg ein Ei. Ich bin das Huhn.

der Reim / die Reimwörter

Guten Tag! Auf der Matratze
schlaf ich ein. Ich bin die Katze.

der Vers

Guten Tag! Mit meiner Nase
schnüffel ich. Ich bin der Hase.

die Strophe